DISCOURS

PRONONCÉ A LA DISTRIBUTION DES PRIX DU LYCÉE

Le 3 Août 1884

PAR

M. BOIRAC

Professeur de Philosophie

Membre de la Société Historique.

———

PARIS

IMPRIMERIE SERINGE FRÈRES, NOAILLES Succr

2, PLACE DU CAIRE, 2

—

1884

DISCOURS

PRONONCÉ A LA DISTRIBUTION DES PRIX DU LYCÉE CONDORCET

Le 3 Août 1884

PAR

M. BOIRAC

Professeur de Philosophie

CHERS ÉLÈVES,

On raconte que le moine Campanella, enfermé dans les prisons du Saint-Office, usait d'un infaillible moyen pour pénétrer, avant chaque interrogatoire, les sentiments de ses juges : évoquant en son esprit leur image, il s'identifiait à eux par la force de la pensée. Le secret du vieux philosophe est-il à jamais perdu ? — Je ne sais : mais il me semble en vérité que je le retrouve presque aujourd'hui ! Je n'ai qu'à regarder en moi pour y lire les sentiments que vous éprouvez tous : c'est d'abord le légitime orgueil des succès remportés par notre vaillant lycée au champ d'honneur de la Sorbonne; c'est la juste satisfaction des travaux accomplis et des récompenses méritées; c'est aussi, soyons sincères, la joie qu'excite en tous, petits et grands, ce mot magique : les vacances! Dans vos têtes, devenues transparentes pour moi, que j'entrevois de riantes images! La famille et ses douces caresses; la campagne où, comme au temps de Virgile, les bœufs mugissent et les arbres invitent au sommeil; la mer, qui fait entrer en vous l'immensité de ses vagues et de ses brises; les voyages, emplissant vos yeux de scènes dont s'enchantera plus tard votre mémoire! Ne croyez pas vos maîtres indifférents à cette joie : ils sont accoutumés, vous le savez, à sympathiser avec vous : mais lequel d'entre eux me démentira, si j'ose dire qu'ils la ressentent aussi pour leur propre compte?

Que nulle réflexion morose n'altère donc cette unanime félicité; que nulle inquiétude ne la trouble, pas même celle que je crois deviner chez quelques-uns de mes jeunes auditeurs et dont ce discours est la cause bien innocente. Si je demande à votre impatience, chers élèves, le sacrifice de quelques instants d'attention, c'est pour justifier, à vos propres yeux cette naïve confiance en la bonté de la vie, charme et vertu de la jeunesse, qui vous fait si franchement heureux du présent, si généreusement assurés de l'avenir. Pareille au soleil qui se lève, la jeunesse colore la vie en rose : c'est l'âge des illusions, disent banalement les envieux qui, ayant laissé éteindre en eux-mêmes la pure flamme de l'idéal, se vengent, comme dit Montaigne, par en médire. Ils sont nombreux aujourd'hui, ou du moins ils paraissent l'être, à en juger par le bruit qu'ils font, ceux qui prêchent le dégoût de la vie, apôtres de la religion du désespoir. Comme cet esclave dont le cri rappelait au triomphateur antique sa fragile humanité, le pessimisme, au lendemain même des victoires, fait retentir l'Allemagne de ses malédictions et de ses sarcasmes; et sa voix a eu partout des échos. L'instinct proteste en vous contre cette sombre doctrine. Je voudrais vous montrer que la raison avoue et confirme l'instinct; que ceux-là sont vraiment sages qui, pour faire le voyage de la vie, se pourvoient avant toute chose de ce triple viatique : espérance, courage et bonne humeur; et qu'enfin de compte l'avenir appartient à qui fait joyeusement son devoir et s'en rapporte à Dieu pour le surplus.

Il faut bien le reconnaître, le pessimisme est à la mode. Quelqu'un a dit que c'était la maladie du siècle; mais les médecins le savent bien, la mode soumet à ses lois même les maladies. Les marquises du grand siècle avaient leurs vapeurs. Plus d'un esprit de notre temps a aussi les siennes qui lui obscurcissent l'aspect des choses. Nos poètes ont presque tous mis un crêpe à leur lyre : ils mènent le deuil du bonheur et de la vie. Si l'art est, comme l'a dit Shakespeare, le miroir où chaque époque se regarde, la nôtre y voit se refléter une bien étrange figure. Masque ou visage, la pâleur en est effrayante, l'œil hagard, la bouche tordue par la souffrance et la colère. Nos pères frémissaient aux plaintes fatales des Werther et des René : qu'eussent-ils fait aux sinistres imprécations des poètes de ce temps-ci? Dans ce chœur de Muses, toutes vêtues de noir et le front ceint de cyprès, les traits sont semblables, l'expression est diverse « ainsi qu'il sied à des sœurs ». L'une pleure, l'autre s'indigne ; la plus jeune blasphème, déesse insoucieuse de sa dignité.

D'où vient, Messieurs, cet amer désenchantement ? Est-ce donc que le ciel s'est tout à coup assombri sur le monde ? Et nos poètes, comme ces oiseaux qui prévoient les tempêtes et les annoncent à grands cris, nous présagent-ils par leurs chants lugubres l'ouragan qui doit déraciner et emporter les suprêmes espérances de l'humanité ? Par un singulier contraste, notre siècle, ce dernier-né de l'histoire, cet héritier de tous les biens lentement amassés par la civilisation au prix de tant d'efforts et de souffrances, se plaint plus impatiemment qu'aucun autre de la condition faite à la race humaine par les éternelles lois de la vie. Ingrat, à qui ses devanciers pourraient crier, certes, comme l'infortuné Guatimozin à son trop faible ministre : Et nous, étions-nous donc sur des lits de fleurs ?

Mais ne nous hâtons pas d'accuser notre temps d'ingratitude. Ce n'est pas d'aujourd'hui que les poètes ont fait monter jusqu'au ciel le gémissement de toute créature. Quand les héros du bon Homère font trève à leurs batailles, ils s'entretiennent avec mélancolie de la triste destinée des mortels, pareils aux feuilles des forêts tour à tour verdoyantes et flétries ; et Jupiter lui-même proclame que

> De tous les êtres qui respirent et se meuvent sur la terre
> Il n'en est pas de plus malheureux que l'homme.

Celui qui meurt jeune est aimé des dieux, disait Ménandre. En vain Lucrèce nous convie à monter sur les hauteurs sereines où la sagesse a bâti ses temples inébranlables : malgré lui, il reporte nos yeux vers les ténèbres où erre l'humanité misérable, cherchant à tâtons la route de la vie.

Mais faut-il parcourir les littératures de tous les temps et de tous les peuples pour s'assurer que le sentiment profond de la misère de l'homme est aussi ancien que la poésie elle-même ? La poésie, cette musique sans notes a, elle aussi, son mode mineur. C'est la loi même de la sensibilité humaine que de vibrer sans cesse sous les touches alternées du plaisir et de la douleur. Mais peut-être les vibrations de la douleur sont elles plus fortes et se répandent-elles plus loin. Aisément accoutumés au bonheur, nous le confondons bientôt avec la vie : la souffrance nous surprend toujours; mais cette surprise même témoigne qu'elle est à nos yeux l'exception et non la règle. Qu'importe ! tant qu'elle dure, nous dirions volontiers avec Pétrarque

> *Mille piacer non vagliono un tormento.*
> Mille plaisirs ne compensent pas un tourment.

Aussi la poésie, qui renforce et prolonge toutes les impressions humaines, ne nous émeut jamais plus profondément que lorsqu'elle éveille en nous les tragiques émotions de la pitié et de l'horreur.

> Les plus désespérés sont les chants les plus beaux,
> Et j'en sais d'immortels qui sont de purs sanglots.

C'est que la douleur même, en s'idéalisant, se transfigure : elle devient le plus délicat et le plus délicieux des plaisirs. On aime à se rappeler les maux qu'on a soufferts : on aime aussi à souffrir par sympathie avec le poète. Les plus précieux trésors se cachent au fond de la mer : de même les jouissances les plus exquises sont celles que la souffrance dérobe en ses profondeurs ; le poète est le plongeur qui nous rapporte la perle du fond des abîmes. Si jamais, comme certains philosophes osent de nos jours le lui promettre au nom de la science, l'humanité doit réaliser sur terre le rêve de l'âge d'or, elle regrettera sans doute en ce temps-là l'âpre volupté de la souffrance ; et les âmes iront en foule à la source amère de la poésie pessimiste tromper leur soif désormais inextinguible d'un plaisir assaisonné par la douleur.

Cessons donc de nous étonner si nos poètes contemporains semblent à l'envi préparer des consolations à ces générations futures, malheureuses de leur bonheur même ; et n'oublions pas surtout que la poésie est, à certains égards, une sorte de jeu. C'est le jeu suprême où l'imagination du poète joue avec toutes les situations de la vie, tous les sentiments de l'âme humaine. De même, dit Schiller, que les dieux de l'Olympe, affranchis de tout besoin, ignorant le travail et le devoir, s'occupaient à prendre des personnages de mortels pour jouer aux passions humaines, « ainsi, dans le drame, nous jouons des exploits, des attentats, des vertus, des vices qui ne sont pas les nôtres. » Non que j'insinue par là que tous les poètes soient des comédiens qui jouent un rôle appris par cœur, essuyant avec le fard dans les coulisses les larmes feintes qu'ils ont versées devant le public. Les émotions qui éclatent dans leurs chants, angoisses, indignation, désespoir, ils les ont vraiment ressenties puisqu'ils nous les font ressentir à notre tour; mais je me défie de quelque artifice chez ceux qui font leurs poèmes un peu comme les philosophes font, dit-on, leurs systèmes, avec l'exagération d'une idée ou d'un sentiment unique. Ceux-là me rappellent malgré moi la bouche ample et sonore et l'immobile grimace des masques de la tragédie grecque; et je ne suis pas bien sûr que ces dégoûtés de la vie ne soient au fond très-contents de vivre.

Le vrai poète est l'homme de Térence : rien de ce qui est humain ne lui est étranger. Dans son œuvre comme dans la vie humaine, le rire se mêle aux pleurs. La tristesse et la laideur y sont comme un cadre noir qui fait ressortir plus brillante la peinture de la joie et de la beauté. Telle est du moins la tradition de notre littérature nationale. C'est notre immortel Rabelais qui l'a dit.

> Mieux est de ris que de larmes escrire
> Pour ce que rire est le propre de l'homme.

Les héros de Corneille respirent un mâle courage : sans lâche faiblesse ni vaine révolte, ils vont où les appelle le devoir. Comme avec les rebuts de toutes sortes, le feu « qui purifie tout » fait une flamme claire et chaude, ainsi, des sottises, des travers, des infirmités même et des vices de l'humaine nature, le génie de Molière fait jaillir et étinceler le rire.

Malgré les apparences contraires, la poésie de ce siècle est restée, en ce point, fidèle à l'esprit français. Quand une grande vague s'élève sur l'Océan, elle se divise sur ses bords en une multitude de rides : pour connaître la force qui l'entraîne et le rivage où elle court, il ne faut point considérer ces tourbillons passagers où s'entre-choquent des flocons d'écume ; mais l'œil doit suivre dans son élan la puissante ondulation dont la hauteur les domine et dont la vitesse les dépasse d'un bout à l'autre de la mer. Je crains bien que dans le grand flot de poésie que le commencement de ce siècle a vu naître et grandir, les poètes pessimistes ne fassent à la postérité l'effet des rides d'une vague. L'inspiration qui soulève et porte si haut les trois grands lyriques de notre temps, c'est leur amour de la vie, non sans doute pour elle-même, mais pour l'idéal qui en est l'âme ; c'est leur espérance dans les glorieuses destinées de l'humanité ; c'est leur foi dans la justice de Dieu.

On ne lit plus guère Lamartine : du moins, le bruit en a couru. Je suis bien sûr pourtant que vous avez tous lu, chers élèves, ces beaux vers où le poète, assistant en esprit au bouleversement des mondes, s'écrie avec une si chaleureuse éloquence :

> Et quand, dernier témoin de ces scènes funèbres,
> Entouré du chaos de la mort, des ténèbres,
> Seul je serai debout ; seul, malgré mon effroi,
> Etre infaillible et bon, j'espérerais en toi ;
> Et, certain du retour de l'éternelle aurore,
> Sur les mondes détruits, je l'attendrais encore !

Moins ferme est la foi de Musset, le poète aimé de la jeunesse : mais si son âme plie parfois sous le doute, elle se redresse toujours au souffle de l'espérance :

> Une immense espérance a traversé la terre ;
> Malgré nous, vers le ciel, il faut lever les yeux.

Et quel poète, Messieurs, a plus hautement rendu témoignage à la mystérieuse bonté de la vie que celui dont la voix sera pour la postérité la voix même de notre siècle ? Le sort ne lui a épargné aucune épreuve ; mais ni les longues tristesses de l'exil après les sanglantes défaites du droit, ni le brusque déchirement des deuils irréparables, ni l'affreux spectacle de la patrie agonisante sous les coups de la guerre étrangère et de la guerre civile n'ont arraché à ses lèvres l'apostasie de sa foi. Le cri même de sa douleur est un hymne d'adoration :

> Je viens à vous, Seigneur, Père auquel il faut crcire,
> Je vous porte, apaisé,
> Les morceaux de ce cœur tout plein de votre gloire
> Que vous avez brisé.

Ainsi le pessimisme est dans notre littérature comme une de ces plantes étrangères cultivées en serre chaude, qui nous étonnent par la bizarrerie de leurs formes, le sombre éclat de leurs couleurs et l'âpre violence de leurs parfums ; mais ces fleurs du mal ne sont point sorties spontanément de notre sol, et elles y vivent d'une vie artificielle. La vraie terre du pessimisme, grâce à Dieu, ce n'est point la France. Si vous voulez la connaître, regardez de l'autre côté du Rhin. Là le pessimisme n'est plus un simple thème poétique, c'est une doctrine, c'est une foi.

Lorsque le misanthrope Schopenhaüer écrivait en 1819 son grand ouvrage « le Monde comme Représentation et Volonté, » il ne prévoyait pas sans doute que son livre deviendrait l'Évangile d'une nouvelle église et que l'Allemagne philosophique vénérerait un jour en lui le Bouddha de l'Occident, révélateur des vérités sublimes, sauveur de l'humanité. Ce philosophe maladif, qui tressaillait, disent ses biographes, à la vue d'un facteur lui apportant une lettre et qui, voyageant en Italie, éprouvait des impressions comparables à celles d'un homme qu'on plongerait tout-à-coup dans l'eau froide, fut profondément aigri par l'insuccès de son œuvre : il en garda toute sa vie rancune au public, assez imbécile, ce sont ses propres termes, pour lui préférer la pseudo-philosophie de Hégel. Il est aujourd'hui bien vengé. Semblable à cet arbre d'Asie dont les branches pendantes, enracinées de proche en proche, couvrent à la fin d'immenses espaces de leur envahissante forêt, le pessimisme pullule et s'étend de jour en jour dans les terres vagues de la pensée allemande. De tous côtés les disciples commentent, développent, perfectionnent, du moins ils s'y emploient, la doctrine du maître. Frauenstœdt, Taubert, Bahnsen, Hartmann, la rauque sonorité de tous ces noms germaniques vous dit assez que la philosophie de Schopenhaüer n'est pas près de tomber en déshérence.

On aurait pu croire cependant que le philosophe emporterait avec lui dans la tombe une doctrine si fortement empreinte des singularités de son caractère. Il était né maussade : jeune homme, il reprochait à sa mère son enjouement et son amour de la société. D'un orgueil sans bornes, il se consolait, en méprisant les hommes, de ne pouvoir forcer leur admiration. Les femmes ne trouvaient pas davantage grâce devant ses yeux. «L'homme ne me plaît pas, ni la femme non plus, » aurait-il pu dire comme Hamlet. Il leur refuse

le sens moral, la raison, et jusqu'à la beauté même.
Pourtant cet ascète ne fait fi ni de la louange ni du
plaisir. Quand la presse parle enfin de lui, il écoute
avec une avide curiosité le bruit tardif que fait son
nom. S'il dit du mal de la vie, il n'a garde d'exposer
la sienne; et l'épidémie qui décime Berlin en 1831, lui
offre en vain une occasion de prouver son parfait déta-
chement de toutes choses : il fuit prudemment devant
l'offre. On le voit allier tout ensemble le dédain le plus
transcendant et le plus positif souci des commodités de
la vie.

Mais peut-être, Messieurs, quelques-uns des traits
de ce caractère n'appartiennent-ils pas seulement à
Schopenhaüer, comme nous étions d'abord tentés de
le croire. Si le succès posthume de son œuvre est dû,
au moins en partie, à la clarté mordante de sa pensée
et de son style, il a sans doute sa cause la plus profonde
dans une secrète affinité avec l'esprit même de l'Allemagne. On nous reproche volontiers en Europe d'être
un peuple frivole et léger : ces défauts ne seraient, à
tout prendre, que la rançon d'une de nos qualités les
plus précieuses, la gaieté, cette gaieté franche et natu-
relle, qui ne se laisse confondre ni avec l'ironie anglaise,
toujours froide en ses plus folles fantaisies, ni avec la
jovialité allemande, trop souvent grossière et affectée.
Il semble que la sérieuse gravité de nos voisins
recouvre mal un fond de tristesse native. « Je ne sais
quelle incertitude et quelle angoisse pèsent sur la vie,
disait en 1873 un de leurs philosophes, M. Vischer;
il n'est pas besoin d'être lâche pour être par moments
opprimé de lugubres appréhensions, pour démêler sous

les êtres qui nous entourent comme autant de fantômes
menaçants. » Pendant longtemps, l'Allemagne a cher-
ché dans la sphère des idées pures une diversion à l'in-
quiète activité de sa pensée; elle s'est contentée, comme
disait Jean-Paul Richter, de l'empire de l'air, non sans
nourrir au cœur une sourde envie contre les nations plus
favorisées par le sort dans le partage des biens de ce
monde. Mais enfin elle s'est lassée de justifier le mot de
Schopenhaüer et de chercher toujours dans les images
ce qu'elle avait à ses pieds. La guerre même a été pour
elle non-seulement la revanche d'un orgueil longtemps
humilié et la conquête de biens matériels jusqu'alors
dédaignés à regret par son mysticisme, mais encore
un remède à cet ennui qui la ronge. « Celui qui ne
compte plus avec la vie, dit M. Vischer, au milieu
des images de mort, qui l'assaillent de toute part,
éprouve un intime reconfort ». Par malheur l'effet du
remède ne dure guère : une fois l'accès de fièvre
passé, la mélancolie reparaît. De l'aveu de ses écri-
vains, l'Allemagne n'est pas heureuse. Un de ses plus
illustres savants, Dubois-Reymond, revenant en pensée
à l'Allemagne d'autrefois « morcelée, impuissante,
pauvre, philistine et bourgeoise », mais passionnée
pour la vérité et l'idéal, pousse le soupir du *lied* des
hirondelles :

> Oh ! qu'il est déjà loin, ce passé de la veille !

et la multitude, si elle ne regrette pas d'avoir lâché
l'ombre des biens invisibles, se plaint du moins de
n'avoir pas saisi la proie des jouissances matérielles.

« Nos soldats, dit Karl Hildebrand — et nos soldats sont la nation — ont fait connaissance avec une civilisation plus âgée et plus riche, et ils sont revenus avec les désirs et les besoins que les légions romaines avaient jadis rapportés de l'Orient. »

Là est, Messieurs, l'explication de la popularité du pessimisme en Allemagne, bien plus encore que dans la vérité intrinsèque des systèmes pessimistes. A les entendre cependant, ils nous présentent le tableau fidèle de la nature et de la vie, certifié conforme par la science. Je n'ai pas, rassurez-vous, l'intention de vous les exposer. Malgré le ton tour à tour doctoral et cavalier, de leurs auteurs, ils vous feraient l'effet, je le crains, de ces chimères « bourdonnant dans le vide » dont il est question dans Pantagruel.

Que dire de l'absolu imaginé par Schopenhaüer, de cet absolu qui s'éveille tout à coup dans le néant, pris d'un insatiable désir de vivre, et qui devient le monde en se projetant lui-même, par un acte de sa volonté aveugle et folle dans la double infinité de l'espace et du temps, sinon qu'à suivre le philosophe où il nous mène, nous voyageons loin de toute réalité dans le pays des rêves et des fantômes? Funeste ambition de l'Absolu ! Elle met au cœur de tous les êtres la racine même du mal, avec le désir l'effort, avec l'effort la douleur. Heureusement, Hartmann nous déclare que l'Intelligence, l'autre moitié de l'Absolu, sans doute absente au moment du coup de tête de la création, lutte de vitesse avec la Volonté dont elle doit réparer la faute ; et, dans une nouvelle apocalypse, il nous prédit « le bienheureux dénouement » de la tragi-comédie de l'existence. Un jour viendra où toutes les volontés, désormais convaincues de l'absurdité du désir de vivre, s'uniront au même moment dans une même résolution de ne plus être ; et le monde crèvera comme une bulle de savon. L'Absolu, consentant à son suicide, s'endormira de nouveau dans l'éternel nirvâna.

Il me semble, Messieurs, que l'Allemagne nous avait accoutumés jusqu'ici à une philosophie plus sérieuse. Mais aussi les Kant, les Schelling, les Hégel, étaient-ils plus révérés que compris du vulgaire. Ces nouveaux philosophes traitent la philosophie comme leur politique le plus célèbre a traité la diplomatie, avec une liberté d'allure toute militaire. Un critique anglais compare assez justement l'un d'entre eux à un cavalier richement vêtu d'or et d'écarlate qui fait des enjambées gauches mais vigoureuses dans de lourdes bottes à l'écuyère. L'intrépidité de leurs affirmations nous choque : elle est, aux yeux de bien des gens, la marque décisive de la vérité.

Est-ce à dire que le pessimisme soit, à mon sens, l'hallucination d'un cerveau malade, sans objet ni fondement dans la nature des choses? Non, sans doute, et ce serait une folie d'une autre sorte que de répondre : tout est bien, à ceux qui disent : tout est mal. Voltaire s'est plaisamment moqué de ce bon docteur Pangloss qui, au travers des plus horribles et extravagantes aventures, s'évertue gravement à démontrer que « tout ayant sa raison suffisante, tout est pour le mieux dans le meilleur des mondes possible. » Féliciter l'agneau, comme on l'a fait, d'être dévoré par le loup, parce qu'il échappe ainsi à la maladie et à la vieillesse, l'agneau

lui-même, malgré sa mansuétude y trouverait, peut
être quelque excès. A vouloir tout justifier, on risque
de perdre le sentiment du juste et de l'injuste. Al-
ceste désespère trop aisément de l'humanité, mais
Philinte, avec sa fade indulgence devient le complice
des sottises qu'il encourage et des vilenies qu'il tolère.
Il faut à l'homme de bien un peu

> De ces haines vigoureuses
> Que doit donner le vice aux âmes vertueuses.

Devant les cruautés de la nature, les injustices du
sort, les souffrances et les fautes des hommes, fer-
mera-t-il les yeux, croisera-t-il les bras, endormira-t-il
sa volonté dans un béat optimisme ? Non ; la condition
de la vertu, c'est de voir le mal et d'en souffrir. On ne
doit pas, dit Leibnitz, être facilement du nombre des
mécontents dans la république où l'on est ; on ne doit
pas non plus être trop facilement du nombre des satis-
faits : c'est l'honneur et le salut de la république qui
l'exigent.

Reconnaissons donc virilement la réalité du mal ;
mais n'en concluons pas avec le pessimisme que la vie
soit foncièrement mauvaise. Prendre tout au sérieux,
rien au tragique, ce fut la devise d'un de nos plus grands
hommes d'Etat : que ce soit aussi la nôtre. Pour qui
considère le monde sans parti-pris, le bien et le mal
s'y mélangent d'une si étrange sorte qu'on y trouve de
quoi donner raison tout ensemble à l'éternel rieur Dé-
mocrite et à Héraclite l'éternel pleureur. Pourtant le
bien ne l'emporte-t-il pas sur le mal ? Les dieux, disait
un poète grec, ont versé dans l'existence trois mesures

de mal pour une mesure de bien ; j'ai peine à croire qu'ils aient ainsi frelaté leur vendange, et je renverserais volontiers la proportion.

Il est vrai, la nature a ses fléaux et ses monstres, mais ils n'effacent pas l'inaltérable majesté de ses lois. Des sombres profondeurs de la nature la voilà montée par degrés à la lumière de la vie, et maintenant elle s'épanouit dans la conscience de l'homme, en beauté pour son regard, en vérité pour sa pensée. L'humanité qu'elle a portée au faîte aspire-t-elle donc à descendre ? Et notre siècle est-il l'ère fatale où doit s'arrêter le progrès et commencer la chûte ? Au spectacle des institutions, des mœurs, des idées d'autrefois, pêle-mêle fondues au creuset de la science, bien des esprits s'effraient et se désolent. Le monde a déjà connu ces inquiétudes. Lorsque dans le lointain des siècles écoulés, les forêts géantes et leurs hôtes monstrueux sentirent peu à peu leur vie se refroidir avec la terre, la nature eût peut être un frisson de terreur : elle ne savait pas que l'homme allait naître. Plutarque rapporte qu'on ouït de son temps une voix surnaturelle jeter dans l'air cette sinistre clameur : « Le grand Pan est mort ! » et dès ce moment une vie nouvelle coulait à flots dans l'humanité. Imprudents qui nous plaignons d'être « venus trop tard dans un monde trop vieux ! » La nature et l'humanité ont le secret des rajeunissements inattendus. Dieu n'est pas à bout de ressources. Croyez-en le proverbe ancien : « Les dés de Jupiter gagnent toujours. »

Mais en vérité, qu'importe ce que le monde est en soi, s'il ne devient bon ou mauvais que dans notre âme ?

« Nous teignons les choses de nos qualités, a dit Pascal, et les impreignons de notre être. » L'esprit est le grand magicien qui, des atomes aveugles et sourds, tire les divines harmonies de la couleur et du son. Mais il ignore sa propre puissance. Cette lumière qu'il projette sur les choses, c'est en dehors de soi qu'il en cherche le foyer. Aussi nous demandons au monde le secret de notre destinée ; et nous seuls pouvons nous répondre. La vie est ce que nous la faisons nous-mêmes. Que l'humanité se convertisse au pessimisme, et le pessimisme sera le vrai. Tel Phocion faisait arriver les malheurs à force de les prédire.

Mais le pessimisme ne sera jamais que l'opinion d'un petit nombre ; et l'enfer n'est pas encore près d'élargir le cercle où Dante enferme « ceux qui pendant la vie pleurèrent alors qu'ils pouvaient être joyeux. » Plus d'une route y mène cependant, et voici la plus sûre : croire que le bonheur est la suprême raison de vivre, le chercher fièvreusement en toutes choses, le réclamer au monde comme une dette. Gardez-vous d'une telle erreur, chers élèves. Le monde vous ferait cette déception de laisser protester la créance. Les douleurs inévitables de la vie vous seraient d'autant plus cruelles qu'elles vous prendraient toujours à l'improviste. Les plaisirs mêmes s'évanouiraient entre vos mains. Il ne faut point raffiner en cette matière, sous peine de ressembler à l'homme dont parle Chamfort, qui « à force de faire carder son matelas, le voit diminuer et finit par coucher sur la dure. » Rappelez-vous que rien n'est plus malsain que de s'inquiéter toujours de sa santé : on y gagne de devenir hypocondre. Tout voluptueux sera pessimiste tôt ou tard.